Work
Book
맛있는 3
주니어 중국어

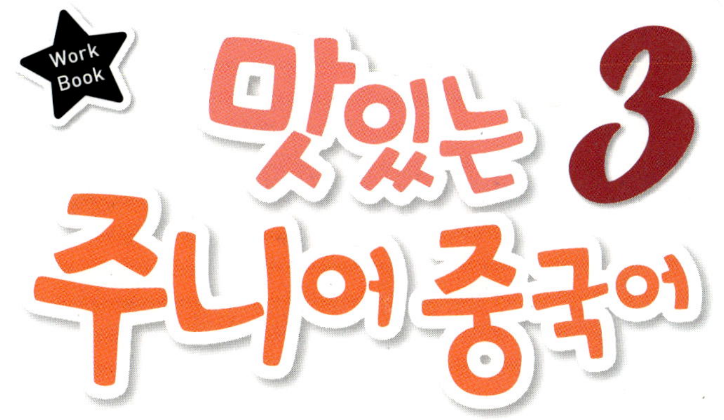

JRC 북스

알맞은 표현 고르기

그림을 보고 미완성의 문장을
완성할 수 있는 표현을 보기에서 고릅니다.
완성한 후에는 큰 소리로 읽으며 입으로 익힙니다.
그림에 맞는 문장으로 완성하면서 정확한 표현을 익힐 수 있고,
다른 답안으로 바꾸어 가면서 말해보면 말하기 학습도 가능합니다.
답안 이외에도 여러 가지 다른 표현들을 적용하여
친구들과 연습해 보세요.

그림 보고 대화하기

본문에서 배웠던
재미있는 대화문을 복습합니다.
해석을 보고 상황에 맞는 문장을
스스로 말할 수 있어야 하므로
단순한 학습이 아닌
능동적인 중국어 공부가 가능합니다.
친구들과 서로 역할 설정을 하여
주고받으며 대화해 보세요.
중국어 실력이 쑥쑥 자라날 것입니다!

明天我们放假!
我想去中国旅游。
我去过一次，你呢?
好，我们一起去吧!

틀린 부분 찾아 고치기

제시된 문장에서 틀린 부분을 찾아 바르게 고치는 문제입니다.
메인북에서 배웠던 단어 또는 표현을 주의 깊게 학습하였다면
힘들지 않게 뚝딱~ 해낼 수 있는 문제입니다.
단어 또는 문장 완성의 두 가지 학습 효과를 노릴 수 있는 다재다능한 문재입니다.

빈칸 채우기

메인북에서 배웠던 단어들을 기억하여 문장을 완성합니다.
문장을 이루는 데에 꼭 필요한 중요 단어들을
빈칸에 넣어 완성하는 문제로,
단어 학습은 물론 문장 완성의 학습 효과까지
가져다 줄 수 있습니다.
문장을 완성하고 여러 번 읽으면
말하기 학습 효과까지 있다는 것 아시죠?
많이 연습해 보세요!

문장 완성하기

무작위로 놓여 있는 한자를
해석된 문장에 맞춰 올바른 순서로 나열해 보세요.
중국어 문장이 어떻게 이루어져 있는지
한눈에 알 수 있는, 효과가 아주 큰 문제랍니다.
여러분의 중국어 학습이 수월해집니다.

한자 쓰기

메인북에 등장했던 주요 한자를
획순에 맞춰 써 봅니다.
발음과 뜻, 한자까지 함께 보면서
쓰기 연습을 할 수 있어
다방면으로 학습이 가능합니다.

맛있는 주니어 중국어 3

이 과에서는요!

표현 쑥쑥! 단어 쑥쑥!

이 과에서 어떤 표현을 배우게 될지 미리 알아봅니다.
회화를 배우기 전에 회화에서 쓰이는 단어를
먼저 공부하도록 합니다.

맛있는 회화

주인공 민호, 윤아, 동민 그리고 하나의
재미있는 이야기가 펼쳐집니다.
우리 친구들이 좋아하는 만화로
구성되어 있어 한층 더 흥미를 돋우었습니다.

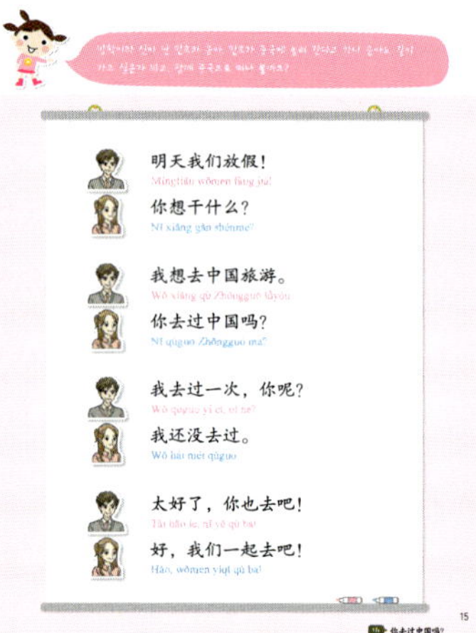

표현 즐기기

회화에서 주요하게 쓰인 표현에 대한
다양한 예문을 가지고 학습합니다.
친구들과 역할 설정을 하여
여러 번 말해 보세요.

잘 듣고 쓰기

지금껏 학습한 내용을 다양한 듣기 문제를 통해 복습해 봅니다.

그림보고 말하기

그림을 보고 어떻게 말하면 좋을 지
한 번 더 생각해 보고,
알맞은 답을 찾는 문제입니다.
회화 실력을 한층 더 올려줍니다.

똑똑한 단어

중국어로 말을 하고 싶은데,
모르는 단어가 많다고요?
각 과의 주제에 해당하는
심화단어를 예쁜 삽화와 함께
보여줍니다.

신나는 수수께끼

중국어로 들어보고 풀어보는
알쏭달쏭 수수께끼입니다.
친구들과 수수께끼 놀이를 해 보세요.

즐거운 중국 이야기

각 과의 주제와 관련된
중국 이야기를 담았습니다.
잠시 쉬어가며
친근한 중국을 느껴 보세요.

차례

너 중국에 가 본 적 있니?

你去过中国吗?

Nǐ qùguo Zhōngguó ma?

1 다음 빈칸에 들어갈 알맞은 표현을 고르고 큰 소리로 읽어 보세요.

① 

➡ 他 ____________ 。

❶ 去过中国
❷ 来过韩国
❸ 没来过韩国
❹ 没去过中国

② 

➡ 他还没 ____________ 。

❶ 骑过摩托车
❷ 坐过船
❸ 骑过自行车
❹ 坐过飞机

③ 

➡ 他 ____________ 。

❶ 做过一次
❷ 喝过两次
❸ 吃过一次
❹ 买过两次

2 그림을 보고 대화를 완성한 후, 친구들과 큰 소리로 대화해 보세요.

明天我们放假!
내일 우리 방학이야!
_______________?
너는 뭘 하고 싶니?
我想去中国旅游。
나는 중국에 여행 가고 싶어.
_______________?
너 중국에 가 본 적 있니?
我去过一次，你呢?
나는 한 번 가 봤어, 너는?
_______________。
나는 아직까지 가 본 적이 없어.
_______________，_______________!
잘됐다, 너도 가자!
好，我们一起去吧!
좋아, 우리 같이 가자!

3 다음 문장에서 밑줄 친 부분을 바르게 고쳐 보세요.

① 我还不坐过。 ➡

② 你去过中国没有吗？ ➡

③ 我吃过一遍，非常好吃。 ➡

4 우리말 해석을 보고 빈칸에 알맞은 한자를 써 보세요.

① 你去过中国 ⬜ ⬜ ？　➡ 너 중국에 가 본 적 있니 없니?

② 我坐过 ⬜ ⬜ 。　➡ 나 세 번 타 봤어.

③ 我看过 ⬜ ⬜ 。　➡ 나 한 번 본 적 있어.

5 다음 해석에 맞게 주어진 단어들을 순서에 맞춰 써 보세요.

➡

➡

➡

6 다음 글자들을 큰 소리로 읽으며 써 보세요.

次 cì 次 버금 **차**	丶 冫 汀 汀 次 次	次	
还 hái 還 돌아올 **환**	一 ア ア 不 不 还 还	还	
没 méi 没 없을 **몰**	丶 冫 氵 氵 氿 沙 没 没	没	
旅 lǚ 旅 여행할 **려**	丶 亠 方 方 扩 扩 施 斿 旅	旅	
羊 yáng 羊 양 **양**	丶 丷 ᅶ 兰 羊 羊	羊	
肉 ròu 肉 고기 **육**	丨 冂 内 内 肉 肉	肉	

나 지금 비행기표 예약하고 있어

我在订飞机票

Wǒ zài dìng fēijīpiào

---

1 다음 빈칸에 들어갈 알맞은 표현을 고르고 큰 소리로 읽어 보세요.

① 

➡ **她们** _____________ 。

- ❶ 在做作业
- ❷ 在打电话
- ❸ 在吃午饭
- ❹ 在喝可乐

② 

➡ **爸爸** _____________ 。

- ❶ 正在开车
- ❷ 正在骑自行车
- ❸ 正在工作
- ❹ 正在看电视

③ 

➡ **他** _____________ 。

- ❶ 没在听音乐，在唱歌
- ❷ 没在听音乐，在看电视
- ❸ 没在唱歌，在玩儿电脑
- ❹ 没在唱歌，在听音乐

2 그림을 보고 대화를 완성한 후, 친구들과 큰 소리로 대화해 보세요.

_____________________?
너 지금 뭐 하고 있는 중이니?

我在订飞机票。
나 지금 비행기표 예약하고 있어.

荷娜呢?
하나는?

_____________________。
그 앤 지금 짐을 싸고 있어.

东民也在收拾行李吗?
동민이도 짐을 싸고 있니?

_____________________。
그 애는 짐을 싸고 있지 않아.

他干什么呢?
그 앤 뭐 하는 중인데?

_____________________。
그 앤 여행안내서를 보고 있어.

3 다음 문장에서 밑줄 친 부분을 바르게 고쳐 보세요.

① 正在我吃饭。　➡

② 你呢干什么?　➡

③ 我不在玩儿电脑。　➡

4 우리말 해석을 보고 빈칸에 알맞은 한자를 써 보세요.

① 她 ＿＿ 看书，＿＿ 电影。 ➡ 그 애는 책이 아니라 영화를 보고 있어.

② 爸爸 ＿＿ 工作。 ➡ 아버지께서는 일하고 계시는 중이에요.

③ 姐姐干什么 ＿＿ ? ➡ 누나는 뭐하는 중이니?

5 다음 해석에 맞게 주어진 단어들을 순서에 맞춰 써 보세요.

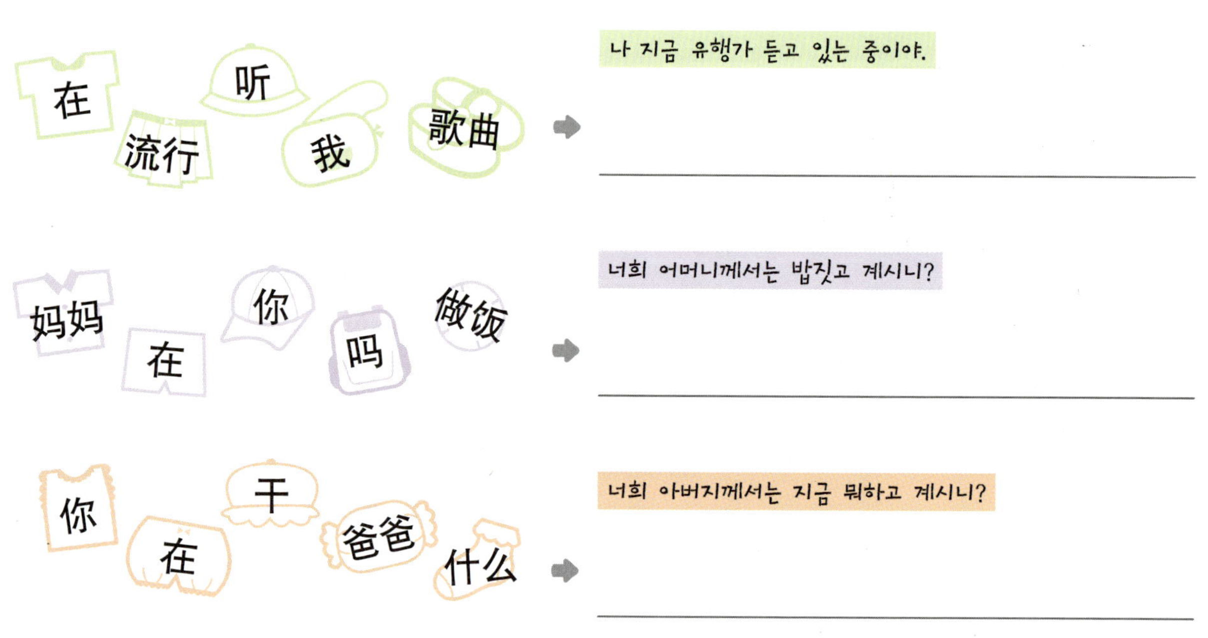

나 지금 유행가 듣고 있는 중이야.　➡

너희 어머니께서는 밥짓고 계시니?　➡

너희 아버지께서는 지금 뭐하고 계시니?　➡

6 다음 글자들을 큰 소리로 읽으며 써 보세요.

订 — dìng
訂 바로잡을 **정**

`	讠	订	订		
订				

票 — piào
票 쪽지 **표**

| 一 | 一 | 一 | 襾 | 襾 | 西 | 西 | 覀 | 票 | 票 | 票 |
| 票 | | | | |

收 — shōu
收 거둘 **수**

| ㇄ | 丩 | 收 | 收 | 收 | 收 | | |
| 收 | | | | |

拾 — shí
拾 주을 **습**

| 一 | 扌 | 扌 | 扌 | 拎 | 拎 | 拾 | 拾 | 拾 |
| 拾 | | | | |

李 — lǐ
李 오얏 **리**

| 一 | 十 | 才 | 木 | 杢 | 李 | 李 | | |
| 李 | | | | |

指 — zhǐ
指 가리킬 **지**

| 一 | 扌 | 扌 | 扌 | 拦 | 指 | 指 | 指 | 指 |
| 指 | | | | |

베이징에 도착하는 데 몇 시간 걸리죠?

到北京要几个小时?

Dào Běijīng yào jǐ ge xiǎoshí?

1 다음 빈칸에 들어갈 알맞은 표현을 고르고 큰 소리로 읽어 보세요.

① 

两个半

➡ 去上海 ____________。

❶ 要三十分钟
❷ 要两个半小时
❸ 要七个小时
❹ 要两天

② 

10分钟

➡ 我们 ____________。

❶ 休息十分钟
❷ 玩儿十分钟
❸ 坐十分钟
❹ 睡十分钟

③ 

➡ 你 ____________。

❶ 可以吃我的面包
❷ 不可以打电话
❸ 可以用我的电脑
❹ 不可以看电视

2 그림을 보고 대화를 완성한 후, 친구들과 큰 소리로 대화해 보세요.

你好，姐姐！
안녕하세요, 누나!

＿＿＿＿＿，＿＿＿＿。
안녕하세요, 앉으세요.

要一个半小时。
한 시간 반 걸립니다.

＿＿＿＿＿＿＿＿＿？
베이징에 도착하는 데 몇 시간 걸려요?

我们什么时候出发？
우리 언제 출발하나요?

＿＿＿＿＿＿＿＿＿。
10분 후에 곧 출발합니다.

现在可以打电话吗？
지금 전화해도 되나요?

＿＿＿＿＿＿＿＿＿。
지금은 전화를 하면 안 됩니다.

3과 到北京要几个小时？

3 다음 문장에서 밑줄 친 부분을 바르게 고쳐 보세요.

① 我们休息十分。 ➡

② 他每天睡六点半。 ➡

③ 到北京要几点？ ➡

4 우리말 해석을 보고 빈칸에 알맞은 한자를 써 보세요.

① 去上海要 ☐☐☐☐？ ➡ 상하이에 가려면 얼마나 오래 걸리죠?

② 他每天学习 ☐☐☐☐？ ➡ 그는 매일 몇 시간 공부하니?

③ 你 ☐☐☐ 喝可乐。 ➡ 너 콜라 마시면 안 돼.

5 다음 해석에 맞게 주어진 단어들을 순서에 맞춰 써 보세요.

到 — dào
到 이를 **도**

一 了 云 云 至 至 到 到
到

出 — chū
出 날 **출**

一 凵 屮 出 出
出

发 — fā
發 쓸 **발**

一 又 发 发 发
发

钟 — zhōng
鐘 종 **종**

丿 𠂉 丨 乍 钅 钅 钜 钟 钟
钟

可 — kě
可 옳을 **가**

一 丆 可 可 可
可

累 — lèi
累 포갤 **루**

丶 口 曰 田 田 甲 里 罗 累 累 累
累

당신은 어느 나라 사람입니까?

你是哪国人?

Nǐ shì nǎ guó rén?

1 다음 빈칸에 들어갈 알맞은 표현을 고르고 큰 소리로 읽어 보세요.

① 

➡ 他是 __________ 。

1 中国人
2 韩国人
3 日本人
4 美国人

② 

➡ 她 __________ 。

1 在东民旁边儿
2 在学校里边儿
3 在东民后边儿
4 在老师前边儿

③ 
饭馆儿

➡ 他家 __________ 。

1 上边儿有一家商店
2 下边儿有一家银行
3 前边儿有一家饭馆
4 后边儿有一家公司

2 그림을 보고 대화를 완성한 후, 친구들과 큰 소리로 대화해 보세요.

____________?
어느 나라 사람입니까?
我是韩国人。
저는 한국 사람이에요.
你来中国留学吗?
중국에 유학하러 오는 겁니까?
____, ____________。
아니요, 중국에 여행하러 오는 거예요.
你的护照在哪儿?
여권은 어디 있습니까?
____________。
여기요.
____________?
가방 안에는 뭐가 있죠?
有钱包和旅游指南。
지갑과 여행 안내 책자가 있어요.

4과 你是哪国人?

3 다음 문장에서 밑줄 친 부분을 바르게 고쳐 보세요.

① 你是<u>什么国人</u>？　➡

② 她在<u>旁边儿我</u>。　➡

③ 我有<u>东民前边儿</u>。　➡

4 우리말 해석을 보고 빈칸에 알맞은 한자를 써 보세요.

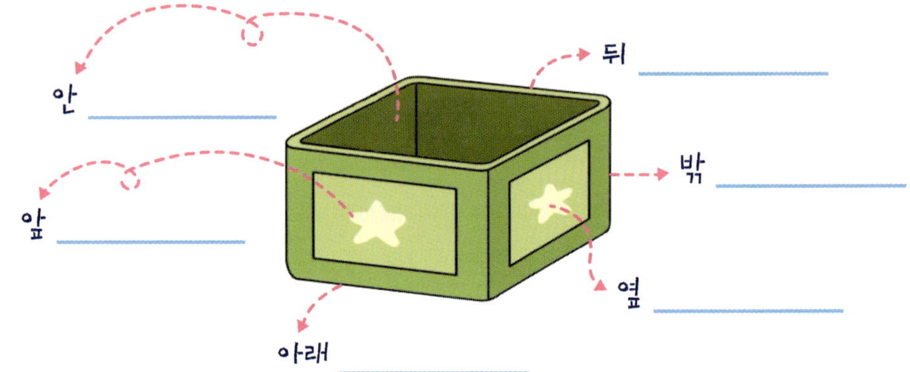

5 다음 해석에 맞게 주어진 단어들을 순서에 맞춰 써 보세요.

맛있는 주니어 중국어 3　중국 가기

6 다음 글자들을 큰 소리로 읽으며 써 보세요.

哪 — nǎ
哪 어찌 **나**

丨 冂 冂 叮 叮 叽 唰 唰ʒ 哪

哪

留 — liú
留 머무를 **류**

丶 匚 匚 幻 幻 印 留 留 留

留

护 — hù
護 지킬 **호**

一 扌 扌 扩 扩 护 护

护

照 — zhào
照 비출 **조**

丨 冂 日 日 旫 旫 昭 昭 照 照 照 照

照

边 — biān
邊 가 **변**

フ 力 力 边 边

边

包 — bāo
包 쌀 **포**

丿 勹 勹 匀 包

包

4과 你是哪国人?

너 중국어를 아주 잘 하는구나

你说汉语说得很好

Nǐ shuō Hànyǔ shuō de hěn hǎo

1 다음 빈칸에 들어갈 알맞은 표현을 고르고 큰 소리로 읽어 보세요.

① 

➡ 他们 ＿＿＿＿＿＿＿。

❶ 睡得很好
❷ 过得很好
❸ 玩儿得不好
❹ 过得不太好

② 

➡ 她 ＿＿＿＿＿＿＿。

❶ 吃饭吃得很多
❷ 吃饭吃得不多
❸ 做菜做得很好吃
❹ 说汉语说得很好

③ 

➡ 今天天气 ＿＿＿＿＿＿＿。

❶ 热得很
❷ 冷得很
❸ 好得很
❹ 热得很厉害

2 그림을 보고 대화를 완성한 후, 친구들과 큰 소리로 대화해 보세요.

____________?
장 선생님이신가요?
是的，我叫张建。
그래, 나는 장 건이라고 한단다.

认识您很高兴。
만나 뵙게 돼서 기뻐요.
____________。
너희들 베이징에 온 걸 환영한다.

____________。
너 중국어를 아주 잘 하는 구나.
不，我说得不太好。
아니에요, 그다지 잘 하지 못해요.

北京很热吧！
베이징은 아주 덥지?
____________，____________！
맞아요, 대단히 덥네요!

5과 你说汉语说得很好

① 你过的好吗？ ➡

② 哥哥吃饭得很多。 ➡

③ 姐姐说不说得好？ ➡

4 우리말 해석을 보고 빈칸에 알맞은 한자를 써 보세요.

① 你 ☐ ☐ ☐ 怎么样？ ➡ 너 요리 만드는 거 어떻니?

② 姐姐吃得 ☐ ☐ ? ➡ 언니는 많이 먹니 많이 먹지 않니?

③ 我肚子疼得 ☐ ☐ 。 ➡ 저 배가 심하게 아파요.

5 다음 해석에 맞게 주어진 단어들을 순서에 맞춰 써 보세요.

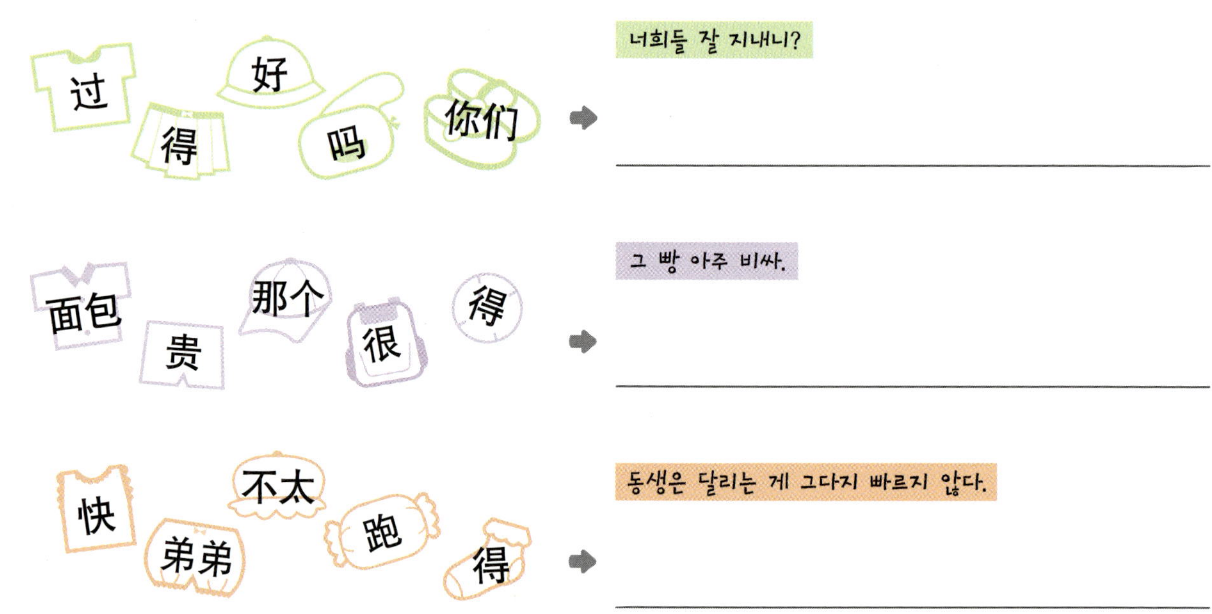

6 다음 글자들을 큰 소리로 읽으며 써 보세요.

热 **rè**
熱 더울 **열**

一 十 扌 打 执 执 执 热 热 热
热

厉 **lì**
厲 엄할 **려**

一 厂 厂 厉 厉
厉

害 **hài**
害 해칠 **해**

丶 丷 宀 宀 宔 宔 宔 害 害
害

建 **jiàn**
建 세울 **건**

フ ㄱ ㅋ ㅋ ㅋ 聿 建 建
建

做 **zuò**
做 지을 **주**

丿 亻 亻 什 估 估 倣 做 做
做

跑 **pǎo**
跑 달릴 **포**

丶 丷 口 口 甲 足 呈 卧 跑 跑 跑 跑
跑

5과 你说汉语说得很好

너희들은 어디에서 온 거니?

你们是从哪儿来的？

Nǐmen shì cóng nǎr lái de?

1 다음 빈칸에 들어갈 알맞은 표현을 고르고 큰 소리로 읽어 보세요.

① 

汉语

➡ 他 ____________ 。

❶ 是来学习汉语的
❷ 是来玩电脑的
❸ 是来吃饭的
❹ 是来看电影的

② 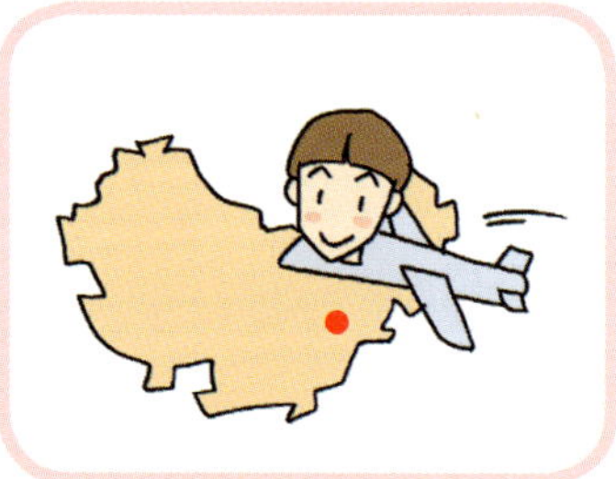

➡ 他 ____________ 。

❶ 到上海去
❷ 到美国去
❸ 到首儿来
❹ 到北京来

③ 

明天

➡ 她 ____________ 减肥。

❶ 从今天开始
❷ 从明天开始
❸ 从七月开始
❹ 从明年开始

2 그림을 보고 대화를 완성한 후, 친구들과 큰 소리로 대화해 보세요.

______________?
너희들은 어디에서 온 거니?

我们是从首尔来的。
저희들은 서울에서 온 거예요.

那, ______________?
그럼 언제 온 거니?

是今天来的。
오늘 온 거예요.

昨天来的吗?
어제 온 거니?

______________。
어제 온 거 아니에요.

下午到哪儿去?
오후에는 어디에 갈 거니?

______________。
오후에는 천안문에 갈 거예요.

6과 你们是从哪儿来的？

3 다음 문장에서 밑줄 친 부분을 바르게 고쳐 보세요.

① 他们是明天来的吗?　➡

② 你到什么时候开始?　➡

③ 我们到早上从下午上课。　➡

4 우리말 해석을 보고 빈칸에 알맞은 한자를 써 보세요.

① 你们　　坐什么来　　?　➡ 너희들은 뭘 타고 온 거니?

② 　　　跟他一起来　　。　➡ 그와 함께 온 게 아니야.

③ 我们　　三点　　四点休息。　➡ 우리 3시부터 4시까지 쉬자.

5 다음 해석에 맞게 주어진 단어들을 순서에 맞춰 써 보세요.

为什么　来　的　你　是　中国
너는 중국에 왜 온 거니?

的　一起　跟　她　来　吗
그녀와 함께 온 거니?

减肥　什么　开始　从　时候
언제부터 다이어트 할까?

从 — cóng
從 좇을 **종**
丿 亻 丛 从

首 — shǒu
首 머리 **수**
丶 丷 亠 丷 丷 首 首 首 首

尔 — ěr
爾 너 **이**
丿 亇 亇 尒 尔

天 — tiān
天 하늘 **천**
一 二 干 天

安 — ān
安 편안할 **안**
丶 丶 宀 宀 安 安

门 — mén
門 문 **문**
丶 冂 门

6과 你们是从哪儿来的？

내가 맛 좀 봐도 될까?

我可以尝尝吗?

Wǒ kěyǐ chángchang ma?

1

다음 빈칸에 들어갈 알맞은 표현을 고르고 큰 소리로 읽어 보세요.

① 

➡ 你来＿＿＿＿＿＿。

❶ 听一听
❷ 吃一吃
❸ 做做
❹ 看看

② 

➡ 你＿＿＿＿＿＿＿。

❶ 好好儿休息吧
❷ 块块儿来吧
❸ 慢慢儿吃吧
❹ 好好儿学汉语吧

③ 

➡ 你＿＿＿＿＿＿＿＿！

❶ 高高兴兴地玩儿吧
❷ 慢慢儿想吧
❸ 休息休息吧
❹ 块块儿睡吧

2 그림을 보고 대화를 완성한 후, 친구들과 큰 소리로 대화해 보세요.

_______________?
너 뭐하고 있니?

我在买小吃呢。
나 간식 사고 있어.

这是什么?
그게 뭐야?

_______________。
이건 양고기 꼬치구이야.

_______________?
내가 맛 좀 봐도 되니?

当然可以。
당연히 되지。

哇! 太好吃了。
와! 정말 맛있다。

_______________!
너 천천히 먹어!

 다음 문장에서 밑줄 친 부분을 바르게 고쳐 보세요.

① 你看看来这个。　➡

② 我想一吃吃这个。　➡

③ 你休休息息吧。　➡

4 우리말 해석을 보고 빈칸에 알맞은 한자를 써 보세요.

① 你 ☐☐ 这个蛋糕。　➡ 너 이 케이크 좀 먹어 봐.

② 你 ☐☐☐ 我的话。　➡ 너 내 말 좀 한번 들어 봐.

③ 老师 ☐☐☐ 休息吧。　➡ 선생님 푹 쉬세요.

5 다음 해석에 맞게 주어진 단어들을 순서에 맞춰 써 보세요.

这首歌　听　吧
一　听　你
너 이 노래 좀 들어봐!

你们　玩儿　地
去　吧　高高兴兴
너희들 신나게 가서 놀아라!

你　好好儿
吧　学　汉语　那
그럼 너 중국어 잘(열심히) 공부해!

串 — chuàn 串 꿰미 **천**	丶 ㄇ 口 尸 吕 吕 串
尝 — cháng 嘗 맛볼 **상**	丶 亅 亅 ⺌ ⺌ 屵 尚 尝 尝
慢 — màn 慢 게으를 **만**	丶 丶 忄 忄 忄 忄 忄 惘 惘 惘 慢 慢
哇 — wā 哇 토할 **와**	丨 ㄇ 口 叮 吐 咭 哇 哇
漂 — piāo 漂 떠다닐 **표**	丶 丶 氵 氵 氵 汚 淒 淒 淒 淒 漂 漂 漂 漂
亮 — liàng 亮 밝을 **량**	丶 亠 亠 宀 亨 亨 高 亭 亮

어디가 불편하세요?

你哪儿不舒服?

Nǐ nǎr bùshūfu?

1 다음 빈칸에 들어갈 알맞은 표현을 고르고 큰 소리로 읽어 보세요.

① 

➔ 她 ____________。

❶ 肚子疼
❷ 头很疼
❸ 牙疼得很厉害
❹ 嗓子疼得厉害

② 

烦

➔ 啊呀！____________。

❶ 疼死了
❷ 烦死了
❸ 饿死了
❹ 累死了

③ 

➔ 老师 ____________！

❶ 让我回家
❷ 不让我回家
❸ 让我学习
❹ 不让我学习

2 그림을 보고 대화를 완성한 후, 친구들과 큰 소리로 대화해 보세요.

______________?
어디가 불편해요?
我肚子很疼。
저 배가 아파요.

哎呀, ______________。
아야, 아파 죽겠어요.
让我看看。
내가 한번 볼게요.

这儿也疼吗?
여기도 아파요?
对, ______________。
네, 굉장히 아파요.

______________。
처방전을 써 줄게요.
谢谢大夫。
감사합니다, 의사선생님.

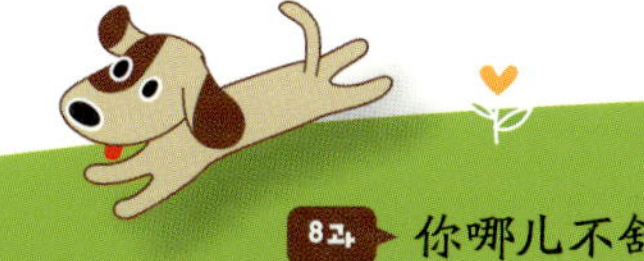

8과 你哪儿不舒服?

3 다음 문장에서 밑줄 친 부분을 바르게 고쳐 보세요.

① 你什么不舒服？ ➡

② 我死了疼。 ➡

③ 让看看你的书。 ➡

4 우리말 해석을 보고 빈칸에 알맞은 한자를 써 보세요.

① 你哪儿 　　　？ ➡ 너 어디가 아프니?

② 哎呀! 　　　。 ➡ 아이, 짜증나 죽겠네.

③ 妈妈 　　　喝可乐。 ➡ 어머니께서 콜라를 못 마시게 하세요.

5 다음 해석에 맞게 주어진 단어들을 순서에 맞춰 써 보세요.

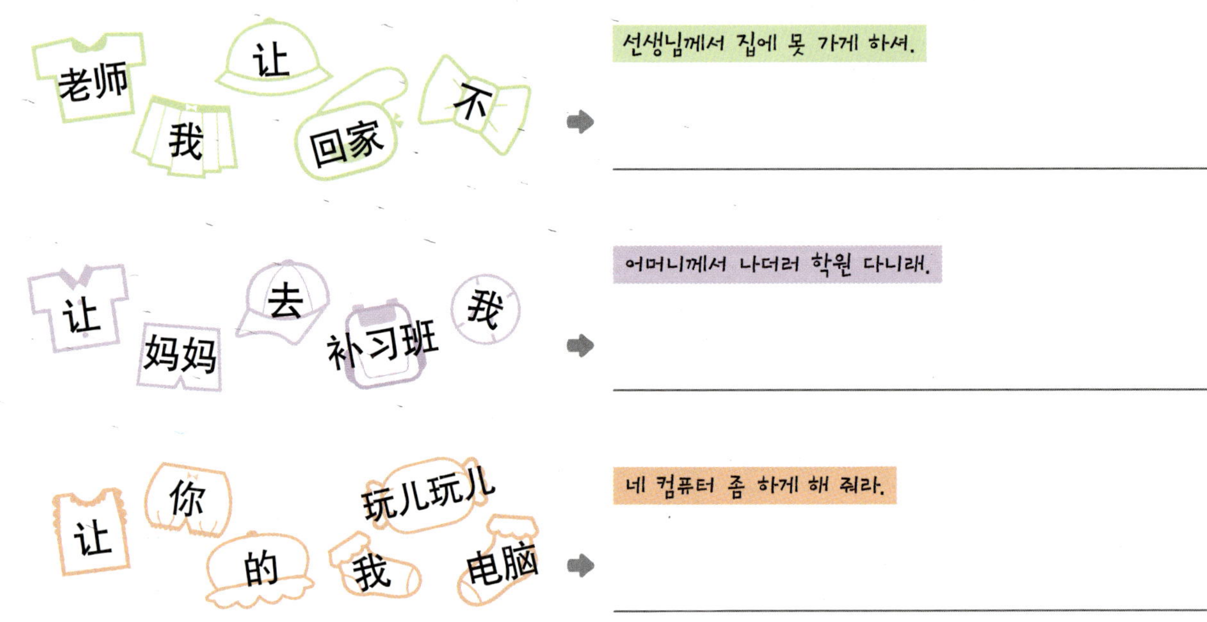

舒 shū
舒 펼 서

笔顺: 丿 𠂊 𠂉 𠂎 𠂆 𠂇 舍 舍 舒 舒 舒 舒

服 fú
服 옷 복

笔顺: 丿 刀 月 月 肝 肥 服 服

肚 dù
肚 배 두

笔顺: 丿 刀 月 月 肚 肚 肚

疼 téng
疼 아플 동

笔顺: 丶 亠 广 广 疒 疒 疒 疼 疼 疼

让 ràng
讓 사양할 양

笔顺: 丶 讠 讠 让 让

死 sǐ
死 죽을 사

笔顺: 一 丆 歹 歹 死 死

8과 你哪儿不舒服?

좀 피곤해요, 돌아가요!

有点儿累，回去吧！

Yǒu diǎnr lèi, huíqu ba!

1 다음 빈칸에 들어갈 알맞은 표현을 고르고 큰 소리로 읽어 보세요.

① 

➡ 我们快＿＿＿＿＿＿。

❶ 上去吧
❷ 进去吧
❸ 下去吧
❹ 出去吧

② 

➡ 这个＿＿＿＿＿＿。

❶ 有点儿贵
❷ 有点儿不好看
❸ 有点儿大
❹ 有点儿慢

③ 

➡ 里边儿＿＿＿＿＿＿！

❶ 冷一点儿
❷ 暖和一点儿
❸ 热一点儿
❹ 好看一点儿

2

그림을 보고 대화를 완성한 후, 친구들과 큰 소리로 대화해 보세요.

老师，这是什么？
선생님, 이게 뭐예요?
○
이건 만리장성이란다.

我们上去看看吧。
우리 올라가서 봐요.
好! !
좋아! 좀 조심하렴!

怎么样？
어떠니?
哇! !
와! 아주 길어요!

?
다른 곳도 갈래?
有点儿累，回去吧！
좀 피곤해요, 돌아가요!

9과 有点儿累，回去吧！

41

3 다음 문장에서 밑줄 친 부분을 바르게 고쳐 보세요.

① 你快起<u>去</u>。 ➡

② 外边儿很冷，快<u>出</u>去吧。 ➡

③ 这个<u>一点儿贵</u>。 ➡

4 우리말 해석을 보고 빈칸에 알맞은 한자를 써 보세요.

① 他们明天　　　！ ➡ 그 애들은 내일 돌아와요!

② 我　　　　累！ ➡ 저 약간 피곤해요!

③ 这个好看　　　。 ➡ 이게 좀 더 예쁘다.

5 다음 해석에 맞게 주어진 단어들을 순서에 맞춰 써 보세요.

6 다음 글자들을 큰 소리로 읽으며 써 보세요.

城	chéng
	城 성 **성**

一 十 土 圹 圹 圹 城 城 城

城

别	bié
	别 다를 **별**

丶 丬 口 吕 另 别 别

别

楼	lóu
	樓 다락 **루**

一 十 才 木 术 栌 栌 桦 桦 株 楼 楼

楼

快	kuài
	快 쾌할 **쾌**

丶 丬 忄 忄 忙 快 快

快

等	děng
	等 등급 **등**

丿 ⺮ ⺮ ⺮ ⺮ 竺 竺 笁 等 等

等

但	dàn
	但 다만 **단**

丿 亻 亻 但 但 但 但

但

9과 有点儿累，回去吧！

第十课

이 옷이 저 옷보다 더 예뻐요

这件比那件更漂亮

Zhè jiàn bǐ nà jiàn gèng piàoliang

1 다음 빈칸에 들어갈 알맞은 표현을 고르고 큰 소리로 읽어 보세요.

① ➡ ＿＿＿＿＿＿＿更好吃。

❶ 蛋糕比面包
❷ 你的菜比我的菜
❸ 中国菜比日本菜
❹ 火锅比羊肉串

② ➡ 她＿＿＿＿＿＿＿。

❶ 比你高
❷ 比你漂亮
❸ 比你好
❹ 没有你高

③ ➡ 这个＿＿＿＿＿＿＿！

五块

❶ 五块钱
❷ 五毛钱
❸ 五分钱
❹ 五十块钱

그림을 보고 대화를 완성한 후, 친구들과 큰 소리로 대화해 보세요.

那件很漂亮。
저 옷이 아주 예뻐요.

____________________。
이 옷이 저 옷보다 더 예뻐요.

哪件便宜?
어느 것이 싸죠?

____________________。
이건 저것만큼 싸지 않아요.

____________________?
이것은 얼마예요?

一百五十块。
150원이에요.

____________________?
싸게 해 주실 수 있나요?

好，给你便宜一点儿。
좋아요, 싸게 해 드릴게요.

10과 这件比那件更漂亮

3 비교의 문장을 잘 보고 뜻이 같은 문장에 동그라미 표 하세요.

① 你比她漂亮。　➡ 你没有她漂亮。 / 她没有你漂亮。

② 这个比那个贵。　➡ 这个没有那个便宜。 / 这个没有那个贵。

③ 她比你高。　➡ 你没有她高。 / 你比她高。

4 우리말 해석을 보고 빈칸에 알맞은 한자를 써 보세요.

① 日本菜　　　　中国菜好吃。　➡ 일본음식은 중국음식만큼 맛있지 않아.

② 他　　你　　高。　➡ 그가 너보다 더 커.

③ 三十八　　五　　　。　➡ 38원 50전입니다.

5 다음 해석에 맞게 주어진 단어들을 순서에 맞춰 써 보세요.

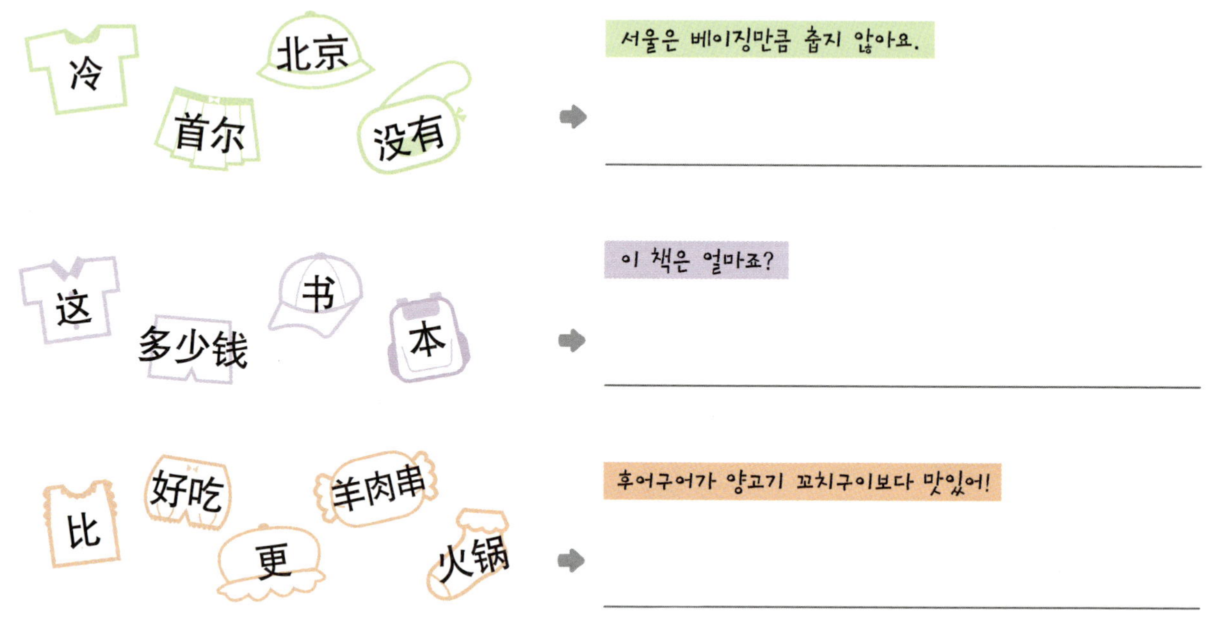

6 다음 글자들을 큰 소리로 읽으며 써 보세요.

比   bǐ

比 견줄 **비**

一 𠂉 比 比

比

更   gèng

更 다시 **갱**

一 𠂉 𠂉 𠂉 𠂉 更 更

更

便   biàn

便 편할 **편**

丿 亻 亻 亻 佢 佢 佢 便 便

便

宜   yí

宜 옳의 **의**

丶 丶 宀 宀 宁 宜 宜 宜

宜

块   kuài

塊 흙덩이 **괴**

一 十 土 圹 圹 块 块

块

锅   guō

鍋 노구솥 **과**

丿 𠂉 钅 钅 钅 钅 钅 钖 锅 锅

锅

102 这件比那件更漂亮

너 선물 샀니?

你买礼物了吗?

Nǐ mǎi lǐwù le ma?

1 다음 빈칸에 들어갈 알맞은 표현을 고르고 큰 소리로 읽어 보세요.

① 

➡ 天气 __________ 。

1 热了
2 冷了
3 凉快了
4 暖和了

② 

➡ 我 __________ 。

1 吃了一个菠萝
2 买了很漂亮的衣服
3 喝了妈妈的茶
4 看了一本书

③ 

➡ 我 __________ !

1 没做作业
2 没看书
3 没吃饭
4 没买礼物

__________ ?
너 선물 샀니?

我还没买，你呢?
아직 사지 않았어, 너는?

我买了一件礼物。
나는 하나 샀어.

__________ ?
무슨 선물 샀는데?

我买了一件旗袍。
치파오를 한 벌 샀어.

__________ ! __________ ?
정말 예쁘다! 비싸니 안 비싸니?

不贵，很便宜!
비싸지 않아, 아주 싸!

__________ 。
나도 거기 가서 좀 보고 싶다.

3 다음 문장에서 了 또는 没를 넣을 부분의 번호를 골라 보세요.

① 她 1 回 2 来 3 。　　　　了

② 妈妈 1 买 2 一件 3 衣服 。　　了

③ 他 1 还 2 吃 3 那个面包 。　　没

4 우리말 해석을 보고 빈칸에 알맞은 한자를 써 보세요.

① 好 □□□ 了 。　➡ 좀 좋아졌어.

② 我吃了 □□ 菠萝 。　➡ 나는 파인애플을 한 개 먹었어.

③ 天气 □□ 了 。　➡ 날씨가 시원해졌어.

5 다음 해석에 맞게 주어진 단어들을 순서에 맞춰 써 보세요.

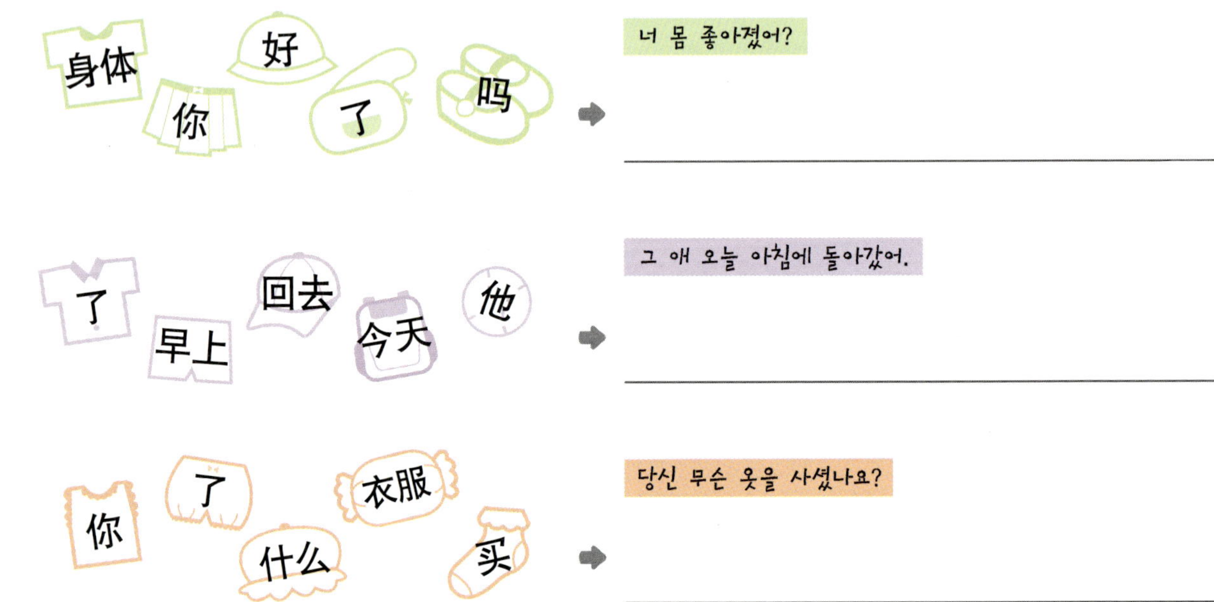

다음 글자들을 큰 소리로 읽으며 써 보세요.

物 — wù
物 물건 **물**

件 — jiàn
件 건 **건**

旗 — qí
旗 기 **기**

袍 — páo
袍 윗옷 **포**

菠 — bō
菠 시금치 **파**

萝 — luó
蘿 여라 **라**

你买礼物了吗?

모두들 준비 다 했니?

大家都准备好了吗？

Dàjiā dōu zhǔnbèi hǎo le ma?

1 다음 빈칸에 들어갈 알맞은 표현을 고르고 큰 소리로 읽어 보세요.

① 

➡ 我 ________________ 。

❶ 还没说好
❷ 还没看好
❸ 还没听好
❹ 还没做好

② 

➡ 请你 ________________ 。

❶ 买给我衣服
❷ 送给我礼物
❸ 借给我词典
❹ 还给我钱

③ 

➡ 我 ________________ ！

❶ 帮你打电话
❷ 帮你交给老师
❸ 帮你买飞机票
❹ 帮你还书

准备好了!
준비 다 했어요!

__________________?
모두들 준비 다 했니?

__________________!
내가 너희들 대신 사진을 찍어 주마!

谢谢 , 张老师。
감사합니다, 장 선생님.

一、二、三、好了。
하나, 둘, 셋, 됐다!

__________________。
귀국한 이후에 선생님께 부쳐 드릴게요.

好啊! __________________!
그래, 잘 돌아가라!

老师 , 再见!
선생님, 안녕히 계세요.

12과 大家都准备好了吗?

3 다음 문장에서 밑줄 친 부분을 바르게 고쳐 보세요.

① 还没做好了。　➡

② 你跟老师约了好吗?　➡

③ 请帮你我买东西。　➡

4 우리말 해석을 보고 빈칸에 알맞은 한자를 써 보세요.

① □□ 跟他 □□ 了。　➡ 이미 그 애랑 약속 잘 해놨어.

② 我 □ 你 □ 火车票。　➡ 내가 네 대신 기차표 사 줄게.

③ 我还没 □□ 老师作业。　➡ 나 아직 선생님께 숙제 드리지 못했는데.

5 다음 해석에 맞게 주어진 단어들을 순서에 맞춰 써 보세요.

6 다음 글자들을 큰 소리로 읽으며 써 보세요.

xiāng

一 十 才 木 札 机 相 相 相

相　相

相 서로 **상**

---

jì

丶 丶 宀 宀 宀 宝 宝 客 客 寄

寄

寄 부칠 **기**

---

lù

丶 丨 口 口 口 足 足 足 趵 趵 路 路

路

路 길 **로**

---

píng

一 丆 厂 立 平

平

平 바를 **평**

---

wán

丶 丶 宀 宀 宀 完 完

完

完 완전할 **완**

---

jiè

丿 亻 亻 仁 什 借 供 借 借 借 借

借

借 빌릴 **차**

12과 ▶ 大家都准备好了吗?

Work
Book
정답
맛있는 3
주니어 중국어

1과 8쪽 · 9쪽 · 10쪽

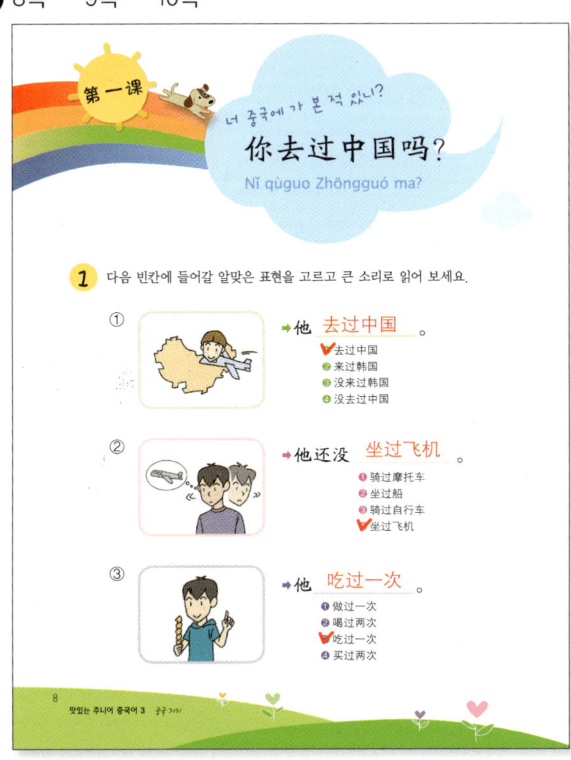

第一课
너 중국에 가 본 적 있니?
你去过中国吗?
Nǐ qùguo Zhōngguó ma?

1 다음 빈칸에 들어갈 알맞은 표현을 고르고 큰 소리로 읽어 보세요.

① ➡ 他 去过中国 。
① 去过中国
② 来过韩国
③ 没来过韩国
④ 没去过中国

② ➡ 他还没 坐过飞机 。
① 骑过摩托车
② 坐过船
③ 骑过自行车
④ 坐过飞机

③ ➡ 他 吃过一次 。
① 做过一次
② 喝过两次
③ 吃过一次
④ 买过两次

8 맛있는 주니어 중국어 3 궁구 가이

2 그림을 보고 대화를 완성한 후, 친구들과 큰 소리로 대화해 보세요.

明天我们放假!
내일 우리 방학이야!

我想去中国旅游。
나는 중국에 여행 가고 싶어.

你想干什么?
너는 뭘 하고 싶니?

你去过中国吗?
너 중국에 가 본 적 있니?

我去过一次,你呢?
나는 한 번 가 봤어, 너는?

我还没去过。
나는 아직(여태) 가 본 적이 없어.

太好了,你也去吧!
잘됐다, 너도 가자!

好,我们一起去吧!
좋아, 우리 같이 가자!

9 1과 你去过中国吗?

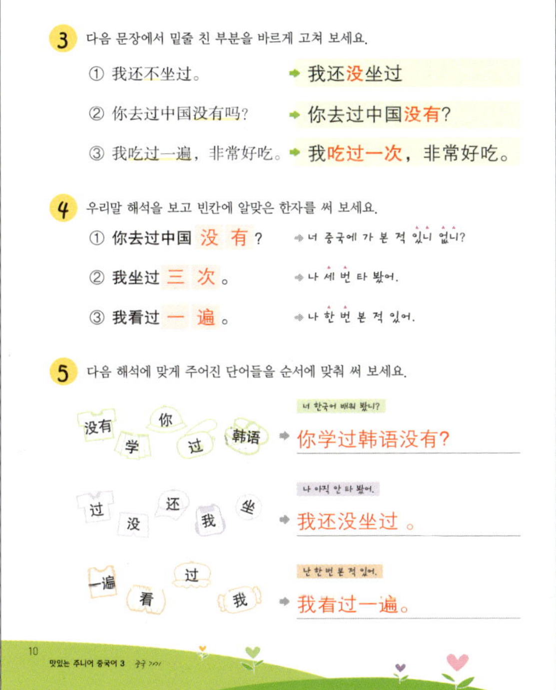

3 다음 문장에서 밑줄 친 부분을 바르게 고쳐 보세요.
① 我还不坐过。 ➡ 我还没坐过
② 你去过中国没有吗? ➡ 你去过中国没有?
③ 我吃过一遍,非常好吃。 ➡ 我吃过一次,非常好吃。

4 우리말 해석을 보고 빈칸에 알맞은 한자를 써 보세요.
① 你去过中国 没有 ? ➡ 너 중국에 가 본 적 있니 없니?
② 我坐过 三 次 。 ➡ 나 세 번 타 봤어.
③ 我看过 一 遍 。 ➡ 나 한 번 본 적 있어.

5 다음 해석에 맞게 주어진 단어들을 순서에 맞춰 써 보세요.

没有 你 学 过 韩语
너 한국어 배워 봤니?
➡ 你学过韩语没有?

过 没 还 我 坐
나 아직 안 타 봤어.
➡ 我还没坐过 。

一遍 看 过 我
난 한번 본 적 있어.
➡ 我看过一遍。

10 맛있는 주니어 중국어 3 궁구 가이

2과 12쪽 · 13쪽 · 14쪽

第二课
나 지금 비행기표 예약하고 있어
我在订飞机票
Wǒ zài dìng fēijīpiào

1 다음 빈칸에 들어갈 알맞은 표현을 고르고 큰 소리로 읽어 보세요.

① 她们 在吃午饭。
❶ 在做作业
❷ 在打电话
✓❸ 在吃午饭
❹ 在喝可乐

② 爸爸 正在开车。
✓❶ 正在开车
❷ 正在骑自行车
❸ 正在工作
❹ 正在看电视

③ 他 没在唱歌，在听音乐。
❶ 没在听音乐，在唱歌
❷ 没在听音乐，在看电视
❸ 没在唱歌，在玩儿电脑
✓❹ 没在唱歌，在听音乐

12 맛있는 주니어 중국어 3

2 그림을 보고 대화를 완성한 후, 친구들과 큰 소리로 대화해 보세요.

你在干什么？
너 지금 뭘 하고 있는 중이니?

我在订飞机票。
나 지금 비행기표 예약하고 있어.

荷娜呢？
하나는?

她正在收拾行李。
그 앤 지금 짐을 싸고 있어.

东民也在收拾行李吗？
동민이도 짐을 싸고 있니?

他干什么呢？
그 앤 뭘 하는 중인데?

他没在收拾行李。
그 애는 짐을 싸고 있지 않아.

他在看旅游指南。
그 앤 여행안내서를 보고 있어.

13
我在订飞机票

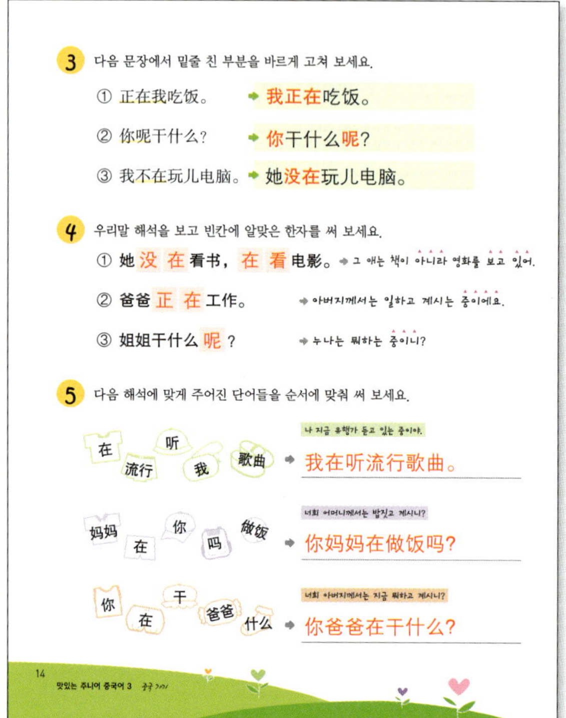

3 다음 문장에서 밑줄 친 부분을 바르게 고쳐 보세요.

① 正在我吃饭。 ➡ 我正在吃饭。
② 你呢干什么？ ➡ 你干什么呢？
③ 我不在玩儿电脑。 ➡ 她没在玩儿电脑。

4 우리말 해석을 보고 빈칸에 알맞은 한자를 써 보세요.

① 她 没 在 看书，在 看 电影。 ➡ 그 애는 책이 아니라 영화를 보고 있어.
② 爸爸 正 在 工作。 ➡ 아버지께서는 일하고 계시는 중이에요.
③ 姐姐干什么 呢 ？ ➡ 누나는 뭐하는 중이니?

5 다음 해석에 맞게 주어진 단어들을 순서에 맞춰 써 보세요.

在 听 流行 我 歌曲
나 지금 유행가 듣고 있는 중이야.
➡ 我在听流行歌曲。

妈妈 在 你 吗 做饭
너희 어머니께서는 밥짓고 계시니?
➡ 你妈妈在做饭吗？

你 在 干 爸爸 什么
너희 아버지께서는 지금 뭐하고 계시니?
➡ 你爸爸在干什么？

14 맛있는 주니어 중국어 3

3과 16쪽 · 17쪽 · 18쪽

第三课
베이징에 도착하는 데 몇 시간 걸리죠?
到北京要几个小时?
Dào Běijīng yào jǐ ge xiǎoshí?

1 다음 빈칸에 들어갈 알맞은 표현을 고르고 큰 소리로 읽어 보세요.

① 两个半
去上海 要两个半小时。
① 要三十分钟
✔ 要两个半小时
③ 要七个小时
④ 要两天

② 10分钟
我们 休息十分钟。
✔ 休息十分钟
② 玩儿十分钟
③ 坐十分钟
④ 睡十分钟

③ 你 可以用我的电脑。
① 可以吃我的面包
② 不可以打电话
✔ 可以用我的电脑
④ 不可以看电视

16
맛있는 주니어 중국어 3 공부 가이

2 그림을 보고 대화를 완성한 후, 친구들과 큰 소리로 대화해 보세요.

你好，姐姐!
안녕하세요, 누나!

你好，请坐
안녕하세요, 앉으세요.

要一个半小时。
한 시간 반 걸립니다.

到北京要几个小时?
베이징에 도착하는 데 몇 시간 걸려요?

我们什么时候出发?
우리 언제 출발하나요?

现在可以打电话吗?
지금 전화해도 되나요?

十分钟以后就出发。
10분 후에 곧 출발합니다.

现在不可以打电话。
지금은 전화를 하면 안 됩니다.

17
到北京要几个小时?

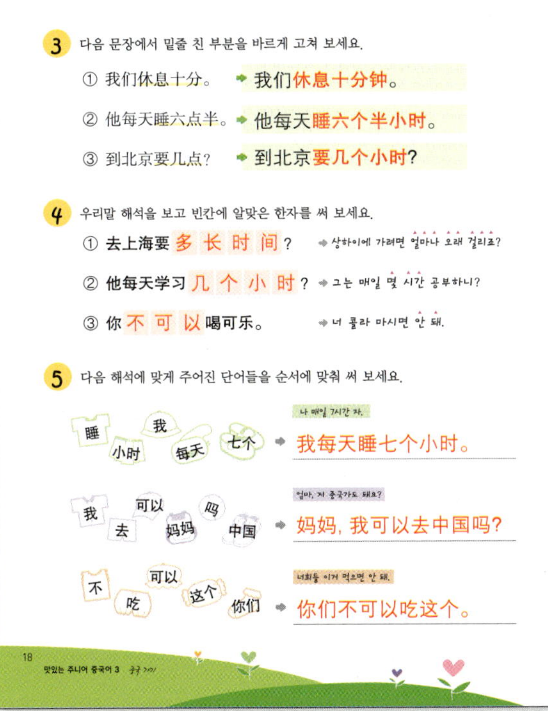
3 다음 문장에서 밑줄 친 부분을 바르게 고쳐 보세요.

① 我们休息十分。 ➡ 我们休息十分钟。
② 他每天睡六点半。 ➡ 他每天睡六个半小时。
③ 到北京要几点? ➡ 到北京要几个小时?

4 우리말 해석을 보고 빈칸에 알맞은 한자를 써 보세요.

① 去上海要多长时间? ➡ 상하이에 가려면 얼마나 오래 걸리죠?
② 他每天学习几个小时? ➡ 그는 매일 몇 시간 공부하니?
③ 你不可以喝可乐。 ➡ 너 콜라 마시면 안 돼.

5 다음 해석에 맞게 주어진 단어들을 순서에 맞춰 써 보세요.

睡 我 小时 每天 七个
나 매일 7시간 자.
➡ 我每天睡七个小时。

我 可以 吗 去 妈妈 中国
엄마, 저 중국에도 돼요?
➡ 妈妈，我可以去中国吗?

不 吃 可以 这个 你们
너희들 이거 먹으면 안 돼.
➡ 你们不可以吃这个。

18
맛있는 주니어 중국어 3 공부 가이

4과 20쪽 · 21쪽 · 22쪽

第四课
당신은 어느 나라 사람입니까?
你是哪国人?
Nǐ shì nǎ guó rén?
1 다음 빈칸에 들어갈 알맞은 표현을 고르고 큰 소리로 읽어 보세요.
① 他是 美国人。
中国人
韩国人
日本人
美国人
② 她 在东民旁边儿。
在东民旁边儿
在学校里边儿
在东民后边儿
在老师前边儿
③ 他家 前边儿有一家饭店。
上边儿有一家商店
下边儿有一家银行
前边儿有一家饭馆
后边儿有一家公司

2 그림을 보고 대화를 완성한 후, 친구들과 큰 소리로 대화해 보세요.
你是哪国人?
你来中国留学吗?
我是韩国人。
不，我来中国旅游。
你的护照在哪儿?
在这儿。
书包里边儿有什么?
有钱包和旅游指南。

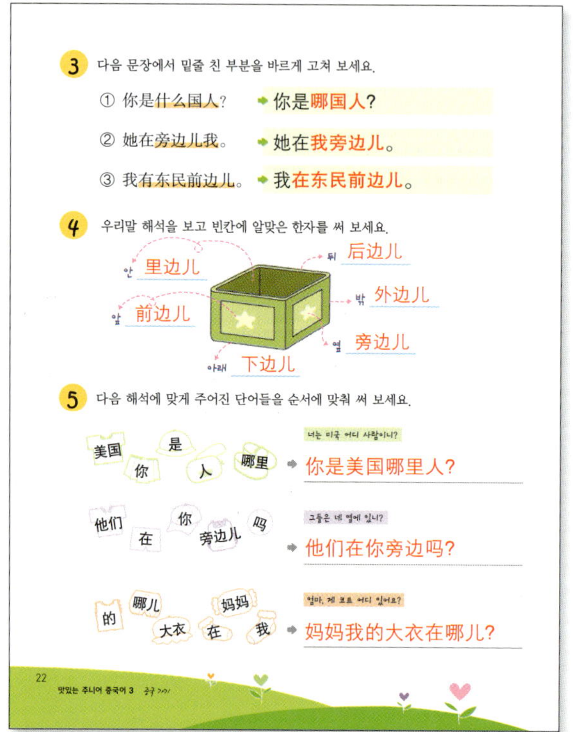

3 다음 문장에서 밑줄 친 부분을 바르게 고쳐 보세요.
① 你是什么国人? 你是哪国人?
② 她在旁边儿我。 她在我旁边儿。
③ 我有东民前边儿。 我在东民前边儿。
4 우리말 해석을 보고 빈칸에 알맞은 한자를 써 보세요.
안 里边儿
뒤 后边儿
밖 外边儿
앞 前边儿
옆 旁边儿
아래 下边儿
5 다음 해석에 맞게 주어진 단어들을 순서에 맞춰 써 보세요.
美国 是 你 人 哪里
너는 미국 어디 사람이니?
你是美国哪里人?
他们 在 你 旁边儿 吗
그들은 네 옆에 있니?
他们在你旁边吗?
的 哪儿 妈妈 大衣 在 我
엄마, 제 코트 어디 있어요?
妈妈我的大衣在哪儿?

你是哪国人?

5과 24쪽 · 25쪽 · 26쪽

第五课
너 중국어를 아주 잘 하는구나
你说汉语说得很好
Nǐ shuō Hànyǔ shuō de hěn hǎo

1 다음 빈칸에 들어갈 알맞은 표현을 고르고 큰 소리로 읽어 보세요.

① 他们 过得很好 。
❶ 睡得很好
✔ 过得很好
❸ 玩儿得不好
❹ 过得不太好

② 她 做菜做得很好吃 。
❶ 吃饭吃得很多
❷ 吃饭吃得不多
✔ 做菜做得很好吃
❹ 说汉语说得很好

③ 今天天气 冷得很 。
❶ 热得很
✔ 冷得很
❸ 好得很
❹ 热得很厉害

24 맛있는 주니어 중국어 3 종합 가이드

2 그림을 보고 대화를 완성한 후, 친구들과 큰 소리로 대화해 보세요.

您是张老师吗?
장 선생님이신가요?

是的, 我叫张建。
그래, 나는 장 건이라고 한단다.

认识您很高兴。
만나 뵙게 되어 기뻐요.

欢迎你们来北京。
너희들 베이징에 온 걸 환영한다.

你说汉语说得很好。
너 중국어를 아주 잘 하는 구나.

北京很热吧!
베이징은 아주 덥지!

不, 我说得不太好。
아니에요, 그다지 잘 하지 못해요.

对, 热得很厉害!
맞아요, 대단히 덥네요.

5과 你说汉语说得很好 25

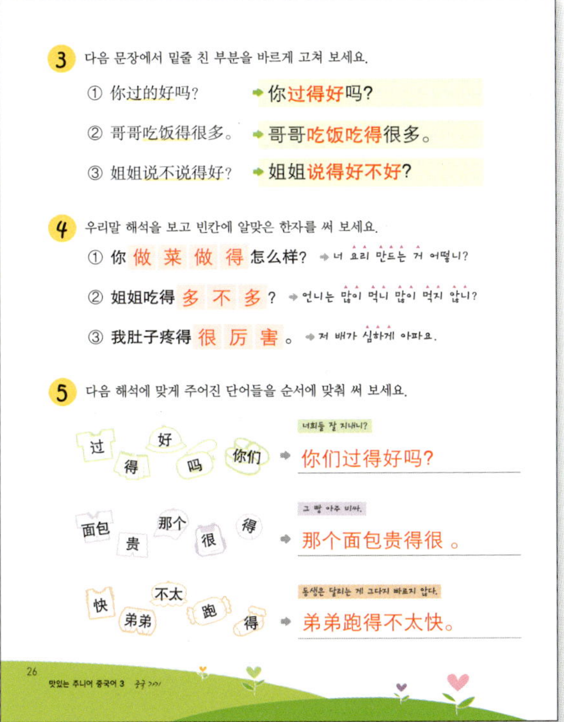
3 다음 문장에서 밑줄 친 부분을 바르게 고쳐 보세요.
① 你过的好吗? ➡ 你过得好吗?
② 哥哥吃饭得很多。 ➡ 哥哥吃饭吃得很多。
③ 姐姐说不说得好? ➡ 姐姐说得好不好?

4 우리말 해석을 보고 빈칸에 알맞은 한자를 써 보세요.
① 你 做 菜 做 得 怎么样? ➡ 너 요리 만드는 거 어떠니?
② 姐姐吃得 多 不 多 ? ➡ 언니는 많이 먹니 많이 먹지 않니?
③ 我肚子疼得 很 厉 害 。 ➡ 저 배가 심하게 아파요.

5 다음 해석에 맞게 주어진 단어들을 순서에 맞춰 써 보세요.
너희들 잘 지내니?
过 好 你们 得 吗 ➡ 你们过得好吗?

그 빵 아주 비싸.
面包 贵 那个 很 得 ➡ 那个面包贵得很。

동생은 달리는 게 그다지 빠르지 않다.
快 不太 弟弟 跑 得 ➡ 弟弟跑得不太快。

26 맛있는 주니어 중국어 3 종합 가이드

6과 28쪽 · 29쪽 · 30쪽

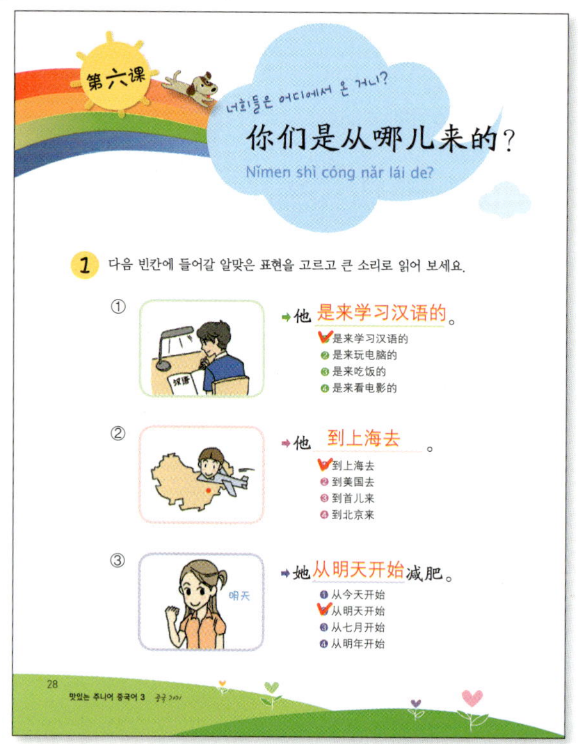

第六课
너희들은 어디에서 온 거니?
你们是从哪儿来的？
Nǐmen shì cóng nǎr lái de?

1 다음 빈칸에 들어갈 알맞은 표현을 고르고 큰 소리로 읽어 보세요.

① 他 是来学习汉语的 。
❶ 是来学习汉语的
② 是来玩电脑的
③ 是来吃饭的
④ 是来看电影的

② 他 到上海去 。
❶ 到上海去
② 到美国去
③ 到首儿来
④ 到北京来

③ 她 从明天开始 减肥。
① 从今天开始
❷ 从明天开始
③ 从七月开始
④ 从明年开始

28
맛있는 주니어 중국어 3

2 그림을 보고 대화를 완성한 후, 친구들과 큰 소리로 대화해 보세요.

你们是从哪儿来的？
너희들은 어디에서 온 거니?

昨天来的吗？
어제 온 거니?

我们是从首尔来的。
저희들은 서울에서 온 거예요.

不是昨天来的
어제 온 거 아니에요.

那，什么时候来的？
그럼 언제 온 거니？

下午到哪儿去？
오후에는 어디에 갈 거니？

是今天来的。
오늘 온 거예요.

下午到天安门去
오후에는 천안문에 갈 거예요.

29
你们是从哪儿来的?

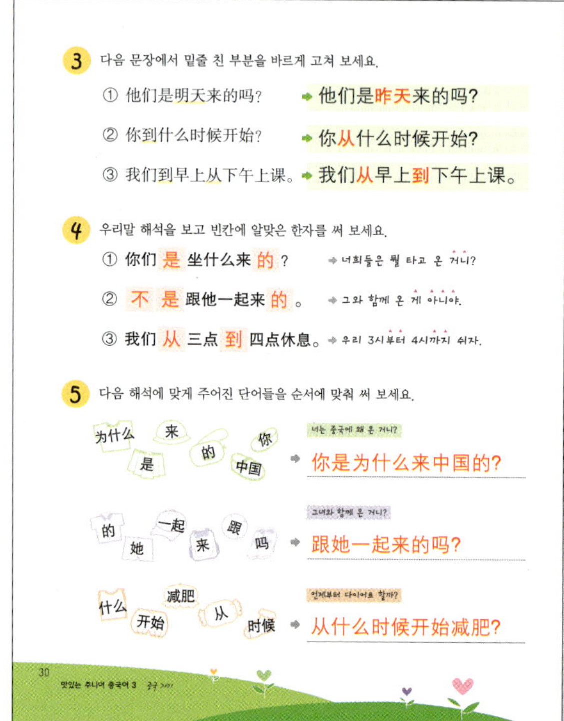

3 다음 문장에서 밑줄 친 부분을 바르게 고쳐 보세요.

① 他们是明天来的吗？ ➡ 他们是昨天来的吗？

② 你到什么时候开始？ ➡ 你从什么时候开始？

③ 我们到早上从下午上课。 ➡ 我们从早上到下午上课。

4 우리말 해석을 보고 빈칸에 알맞은 한자를 써 보세요.

① 你们 是 坐什么来 的 ？ ➡ 너희들은 뭘 타고 온 거니？

② 不 是 跟他一起来 的 。 ➡ 그와 함께 온 게 아니야.

③ 我们从 三点 到 四点休息。 ➡ 우리 3시부터 4시까지 쉬자.

5 다음 해석에 맞게 주어진 단어들을 순서에 맞춰 써 보세요.

为什么 来 你 是 的 中国
너는 중국에 왜 온 거니？
➡ 你是为什么来中国的？

的 她 一起 跟 来 吗
그녀와 함께 온 거니？
➡ 跟她一起来的吗？

什么 开始 减肥 从 时候
언제부터 다이어트 할까？
➡ 从什么时候开始减肥？

30
맛있는 주니어 중국어 3

第七课

내가 맛 좀 봐도 될까?

我可以尝尝吗?

Wǒ kěyǐ chángchang ma?

1 다음 빈칸에 들어갈 알맞은 표현을 고르고 큰 소리로 읽어 보세요.

① 你来 ___吃一吃___ 。
- ❶ 听一听
- ✔ 吃一吃
- ❸ 做做
- ❹ 看看

② 你 **好好学汉语吧** 。
- ❶ 好好儿休息吧
- ❷ 块块儿来吧
- ❸ 慢慢儿吃吧
- ✔ 好好儿学汉语吧

③ 你 **高高兴兴地玩儿吧** ！
- ✔ 高高兴兴地玩儿吧
- ❷ 慢慢儿想吧
- ❸ 休息休息吧
- ❹ 块块儿睡吧

2 그림을 보고 대화를 완성한 후, 친구들과 큰 소리로 대화해 보세요.

你在干什么？
너 뭐하고 있니?
我在买小吃呢。
나 간식 사고 있어.
这是什么？
그게 뭐야?
这是羊肉串。
이건 양고기 꼬치구이야.
我可以尝尝吗？
내가 맛 좀 봐도 되니?
当然可以。
당연히 되지.
哇！太好吃了。
와! 정말 맛있다.
你慢慢儿吃吧！
너 천천히 먹어!

3 다음 문장에서 밑줄 친 부분을 바르게 고쳐 보세요.

① 你看看来这个。 ➡ 你**来看看**这个。

② 我想一吃吃这个。 ➡ 我想**吃一吃**这个。

③ 你休休息息吧。 ➡ 你**休息休息**吧。

4 우리말 해석을 보고 빈칸에 알맞은 한자를 써 보세요.

① 你 **尝 尝** 这个蛋糕。 ➡ 너 이 케이크 좀 먹어 봐.

② 你 **听 一 听** 我的话。 ➡ 너 내 말 좀 한번 들어 봐.

③ 老师 **好 好 儿** 休息吧。 ➡ 선생님 푹 쉬세요.

5 다음 해석에 맞게 주어진 단어들을 순서에 맞춰 써 보세요.

这首歌 听 一 听 你 吧 (너 이 노래 좀 들어봐!)
➡ 你听一听这首歌吧。

你们 玩儿 地 去 吧 高高兴兴 (너희들 신나게 가서 놀아라!)
➡ 你们高高兴兴地去玩儿吧。

吧 你 好好儿 学 汉语 那 (그럼 너 중국어 열심히 공부해!)
➡ 那你好好儿学汉语吧。

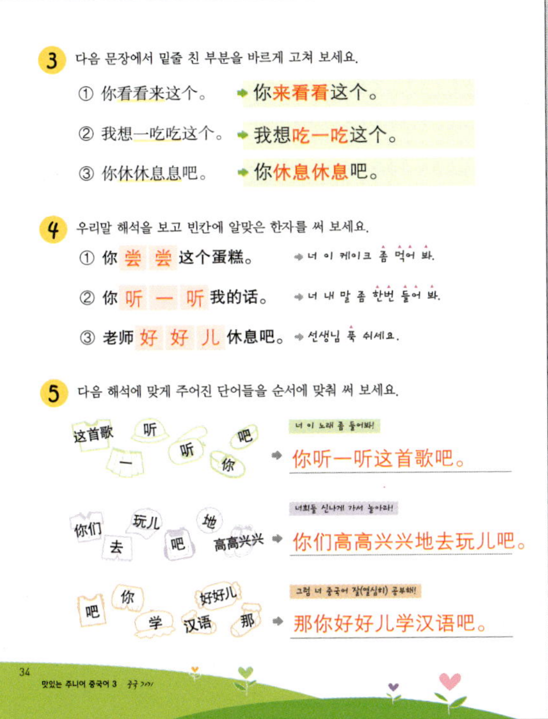

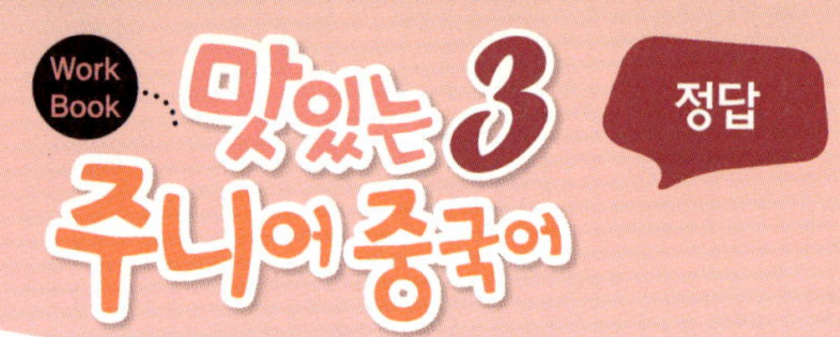

8과 36쪽 · 37쪽 · 38쪽

第八课
어디가 불편하세요?
你哪儿不舒服?
Nǐ nǎr bùshūfu?

1 다음 빈칸에 들어갈 알맞은 표현을 고르고 큰 소리로 읽어 보세요.

① →她 牙疼得很厉害。
① 肚子疼
② 头很疼
③ 牙疼得很厉害
④ 嗓子疼得很厉害

② →啊呀! 烦死了。
① 疼死了
② 烦死了
③ 饿死了
④ 累死了

③ →老师 不让我回家！
① 让我回家
② 不让我回家
③ 让我学习
④ 不让我学习

36
맛있는 주니어 중국어 3 중국 가기

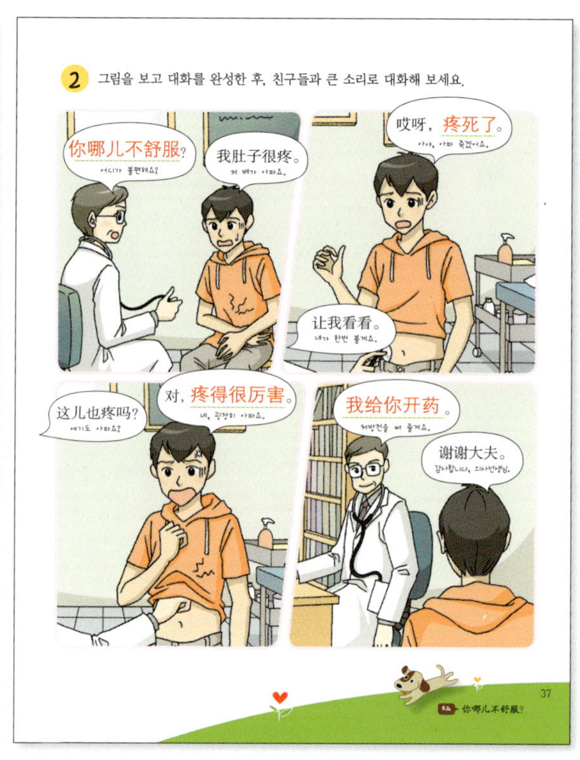
2 그림을 보고 대화를 완성한 후, 친구들과 큰 소리로 대화해 보세요.

你哪儿不舒服?
我肚子很疼。
哎呀, 疼死了。
让我看看。
这儿也疼吗?
对, 疼得很厉害。
我给你开药。
谢谢大夫。

37
你哪儿不舒服?

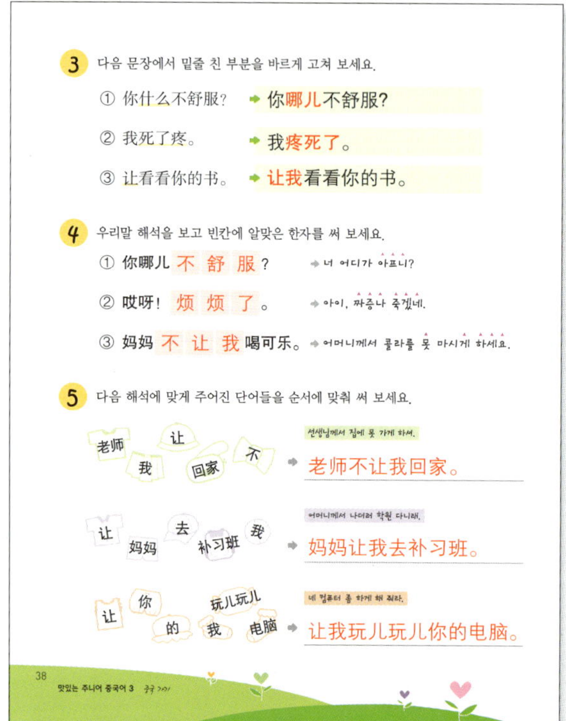
3 다음 문장에서 밑줄 친 부분을 바르게 고쳐 보세요.

① 你什么不舒服? → 你哪儿不舒服?
② 我死了疼。 → 我疼死了。
③ 让看你的书。 → 让我看看你的书。

4 우리말 해석을 보고 빈칸에 알맞은 한자를 써 보세요.

① 你哪儿不舒服? → 너 어디가 아프니?
② 哎呀! 烦死了。 → 아이, 짜증나 죽겠네.
③ 妈妈不让我喝可乐。 → 어머니께서 콜라를 못 마시게 하세요.

5 다음 해석에 맞게 주어진 단어들을 순서에 맞춰 써 보세요.

老师 让 我 回家 不
선생님께서 집에 못 가게 하셔.
→ 老师不让我回家。

让 妈妈 去 补习班 我
어머니께서 나더러 학원 다니래.
→ 妈妈让我去补习班。

让 你 玩儿玩儿 的 我 电脑
네 컴퓨터 좀 하게 해 줘라.
→ 让我玩儿玩儿你的电脑。

38
맛있는 주니어 중국어 3 중국 가기

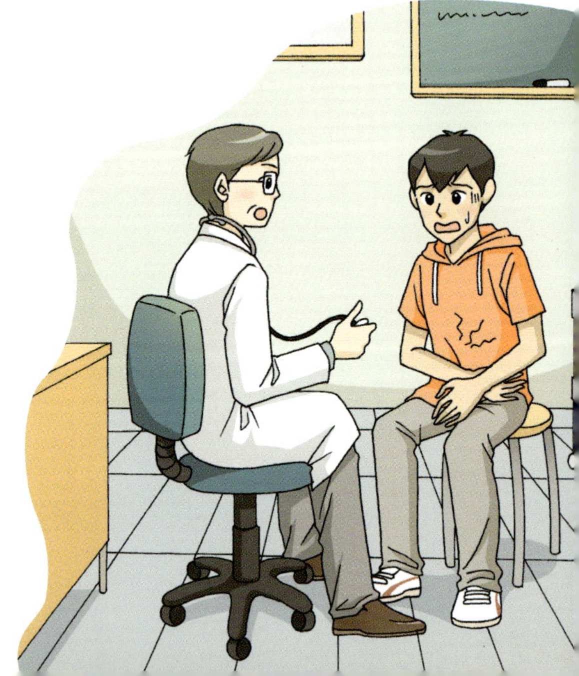

9과 40쪽 · 41쪽 · 42쪽

第九课
좀 피곤해요, 돌아가요!
有点儿累, 回去吧!
Yǒu diǎnr lèi, huíqu ba!

1 다음 빈칸에 들어갈 알맞은 표현을 고르고 큰 소리로 읽어 보세요.

① 我们快 下去吧 。
❶ 上去吧
❷ 进去吧
✔ 下去吧
❹ 出去吧

② 这个 有点儿贵 。
✔ 有点儿贵
❷ 有点儿不好看
❸ 有点儿大
❹ 有点儿慢

③ 里边儿 暖和一点儿 ！
❶ 冷一点儿
✔ 暖和一点儿
❸ 热一点儿
❹ 好看一点儿

40
맛있는 주니어 중국어 3 꾸꾸 가기

2 그림을 보고 대화를 완성한 후, 친구들과 큰 소리로 대화해 보세요.

老师, 这是什么?
선생님, 이게 뭐예요?

这是长城
이건 만리장성이란다.

我们上去看看吧。
우리 올라가서 보자.

好! 小心一点儿啊!
좋아! 좀 조심하렴!

怎么样?
어떠니?

哇! 很长!
와! 아주 길어요!

要去别的地方吗?
다른 곳도 갈래?

有点儿累, 回去吧!
좀 피곤해요, 돌아가요.

41
9과 有点儿累, 回去吧!

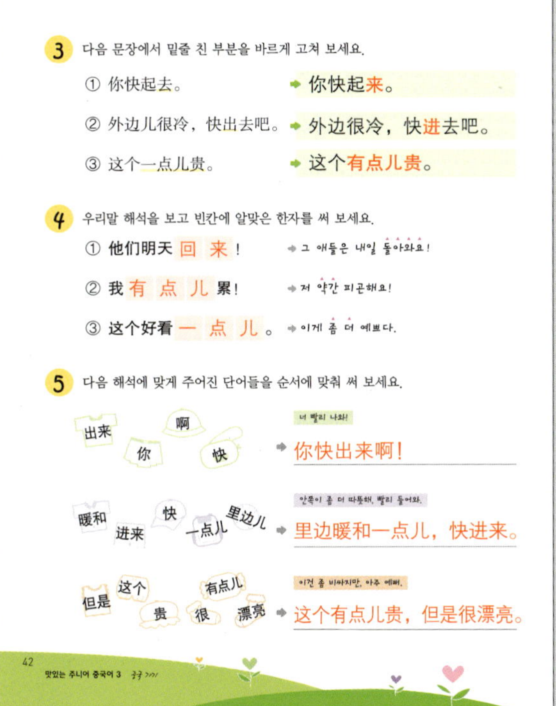
3 다음 문장에서 밑줄 친 부분을 바르게 고쳐 보세요.

① 你快起去。 ➡ 你快起来。

② 外边儿很冷, 快出去吧。 ➡ 外边很冷, 快进去吧。

③ 这个一点儿贵。 ➡ 这个有点儿贵。

4 우리말 해석을 보고 빈칸에 알맞은 한자를 써 보세요.

① 他们明天 回 来 ! ➡ 그 애들은 내일 돌아와요!

② 我 有 点 儿 累 ! ➡ 저 약간 피곤해요!

③ 这个好看 一 点 儿 。 ➡ 이게 좀 더 예뻐다.

5 다음 해석에 맞게 주어진 단어들을 순서에 맞춰 써 보세요.

出来 啊 你 快
너 빨리 나와!
➡ 你快出来啊!

暖和 快 里边儿 进来 一点儿
안쪽이 좀 더 따뜻해, 빨리 들어와.
➡ 里边暖和一点儿, 快进来。

但是 这个 有点儿 贵 很 漂亮
이건 좀 비싸지만, 아주 예뻐.
➡ 这个有点儿贵, 但是很漂亮。

42
맛있는 주니어 중국어 3 꾸꾸 가기

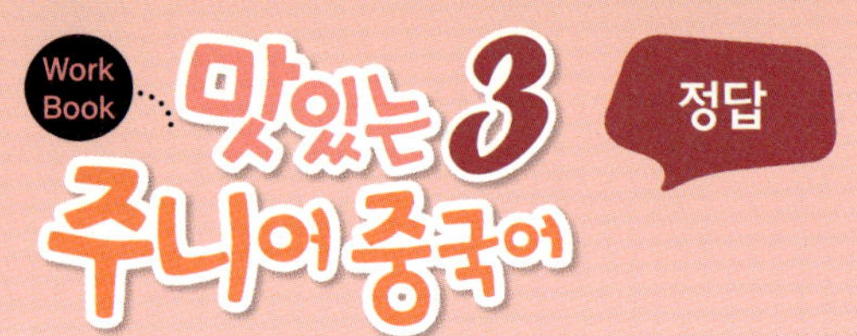

10과 44쪽 · 45쪽 · 46쪽

第十课
이 옷이 저 옷보다 더 예뻐요
这件比那件更漂亮
Zhè jiàn bǐ nà jiàn gèng piàoliang
1 다음 빈칸에 들어갈 알맞은 표현을 고르고 큰 소리로 읽어 보세요.
① 火锅比羊肉串更好吃。
❶ 蛋糕比面包
❷ 你的菜比我的菜
❸ 中国菜比日本菜
✔ 火锅比羊肉串
② 她 比你漂亮 。
❶ 比你高
✔ 比你漂亮
❸ 比你好
❹ 没有你高
③ 五块　这个 五块钱 ！
✔ 五块钱
❷ 五毛钱
❸ 五分钱
❹ 五十块钱
44　맛있는 주니어 중국어 3

2 그림을 보고 대화를 완성한 후, 친구들과 큰 소리로 대화해 보세요.
那件很漂亮。
저 옷이 아주 예뻐요.
哪件便宜?
어느 것이 싸죠?
这件比那件更漂亮。
이 옷이 저 옷보다 더 예뻐요.
这件没有那件便宜。
이건 저것만큼 싸지 않아요.
这件多少钱?
이 것은 얼마예요?
好，给你便宜一点儿。
좋아요, 싸게 해 드릴게요.
能便宜一点儿吗?
싸게 좀 주실 수 있나요?
一百五十块。
150원이에요.
45　这件比那件更漂亮

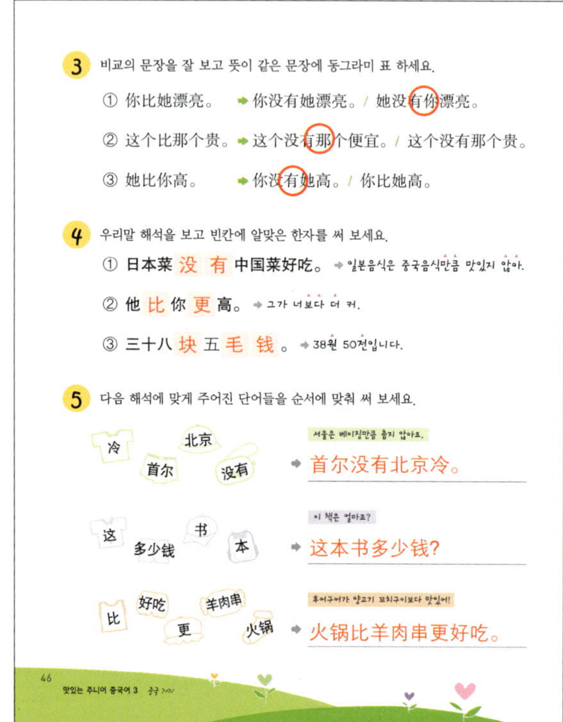

3 비교의 문장을 잘 보고 뜻이 같은 문장에 동그라미 표 하세요.
① 你比她漂亮。　➡ 你没有她漂亮。 / 她没有你漂亮。
② 这个比那个贵。 ➡ 这个没有那个便宜。 / 这个没有那个贵。
③ 她比你高。　➡ 你没有她高。 / 你比她高。

4 우리말 해석을 보고 빈칸에 알맞은 한자를 써 보세요.
① 日本菜 没 有 中国菜好吃。➡ 일본음식은 중국음식만큼 맛있지 않아.
② 他 比 你 更 高。➡ 그가 너보다 더 커.
③ 三十八 块 五 毛 钱 。➡ 38원 50전입니다.

5 다음 해석에 맞게 주어진 단어들을 순서에 맞춰 써 보세요.
冷　北京　首尔　没有
서울은 베이징만큼 춥지 않아요.
➡ 首尔没有北京冷。

这　书　多少钱　本
이 책은 얼마죠?
➡ 这本书多少钱?

比　好吃　羊肉串　更　火锅
훠궈구이가 양고기 꼬치구이보다 맛있어!
➡ 火锅比羊肉串更好吃。
46　맛있는 주니어 중국어 3

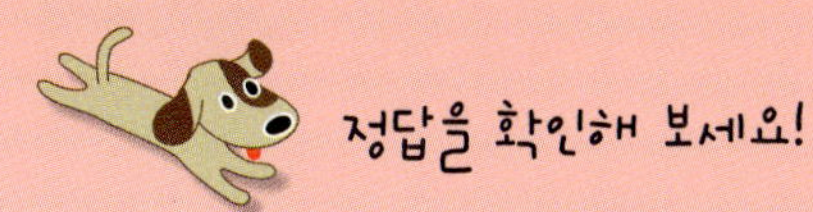

⑪과 48쪽 · 49쪽 · 50쪽

第十一课
너 선물 샀니?
你买礼物了吗?
Nǐ mǎi lǐwù le ma?

1 다음 빈칸에 들어갈 알맞은 표현을 고르고 큰 소리로 읽어 보세요.

① 天气 凉快了 。
❶ 热了
❷ 冷了
✔ 凉快了
❹ 暖和了

② 我 吃了一个菠萝 。
✔ 吃了一个菠萝
❷ 买了很漂亮的衣服
❸ 喝了妈妈的茶
❹ 看了一本书

③ 我 没做作业 ！
✔ 没做作业
❷ 没看书
❸ 没吃饭
❹ 没买礼物

48
맛있는 주니어 중국어 3 공구 가이

2 그림을 보고 대화를 완성한 후, 친구들과 큰 소리로 대화해 보세요.

你买礼物了吗 ?
너 선물 샀니

我还没买, 你呢?
아직 사지 않았어, 너는?

我买了一件礼物。
나는 하나 샀어.

你买了什么礼物 ?
무슨 선물 샀는데?

我买了一件旗袍。
치파오를 한 벌 샀어.

太漂亮了！贵不贵?
정말 예쁘다! 비싸니 안 비싸니?

不贵, 很便宜！
비싸지 않아, 아주 싸!

我也想去那儿看看。
나도 거기 가서 좀 보고 싶다.

49
你买礼物了吗?

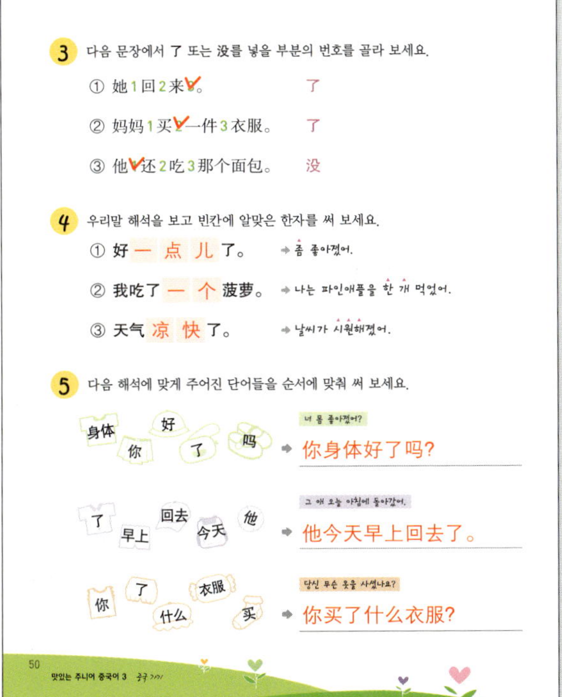
3 다음 문장에서 了 또는 没을 넣을 부분의 번호를 골라 보세요.

① 她 1 回 2 来 ✔ 。   了
② 妈妈 1 买 ✔ 一件 3 衣服。   了
③ 他 ✔ 还 2 吃 3 那个面包。   没

4 우리말 해석을 보고 빈칸에 알맞은 한자를 써 보세요.

① 好 一 点 儿 了。   ➡ 좀 좋아졌어.
② 我吃了 一 个 菠萝。 ➡ 나는 파인애플을 한 개 먹었어.
③ 天气 凉 快 了。   ➡ 날씨가 시원해졌어.

5 다음 해석에 맞게 주어진 단어들을 순서에 맞춰 써 보세요.

너 몸 좋아졌어?
身体 好 你 了 吗
➡ 你身体好了吗?

그 해 오늘 아침에 돌아갔어.
了 早上 回去 今天 他
➡ 他今天早上回去了。

당신 무슨 옷을 사셨나요?
你 了 衣服 什么 买
➡ 你买了什么衣服?

50
맛있는 주니어 중국어 3 공구 가이

12과 52쪽 · 53쪽 · 54쪽

第十二课
모두들 준비 다 했니?
大家都准备好了吗?
Dàjiā dōu zhǔnbèi hǎo le ma?

1 다음 빈칸에 들어갈 알맞은 표현을 고르고 큰 소리로 읽어 보세요.

① 我 还没做好 。
❶ 还没说好
❷ 还没看好
❸ 还没听好
✔ 还没做好

② 请你 借给我词典 。
❶ 买给我衣服
❷ 送给我礼物
✔ 借给我词典
❹ 还给我钱

③ 我 帮你交给老师 !
❶ 帮你打电话
✔ 帮你交给老师
❸ 帮你买飞机票
❹ 帮你还书

52
맛있는 주니어 중국어 3

2 그림을 보고 대화를 완성한 후, 친구들과 큰 소리로 대화해 보세요.

准备好了!
준비 다 했니!

大家都准备好了吗?
모두들 준비 다 했니!

我帮你们照相吧!
내가 너희들 대신 사진을 찍어 주마!

谢谢, 张老师。
감사합니다, 장 선생님.

一、二、三、好了。
하나, 둘, 셋, 됐다.

回国以后寄给您。
귀국한 이후에 선생님께 부쳐 드릴게요.

好啊! 祝你们一路平安!
그래 잘 돌아가거라!

老师, 再见!
선생님, 안녕히 계세요.

53
12과 大家都准备好了吗?

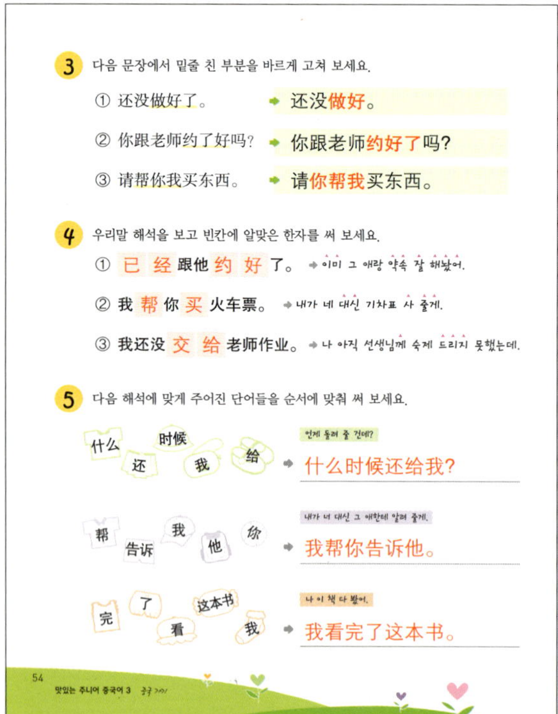
3 다음 문장에서 밑줄 친 부분을 바르게 고쳐 보세요.

① 还没做好了。 ➡ 还没做好。

② 你跟老师约了好吗? ➡ 你跟老师约好了吗?

③ 请帮你我买东西。 ➡ 请你帮我买东西。

4 우리말 해석을 보고 빈칸에 알맞은 한자를 써 보세요.

① 已 经 跟他 约 好 了。 ➡ 이미 그 애랑 약속 잘 해놨어.

② 我 帮 你 买 火车票。 ➡ 내가 네 대신 기차표 사 줄게.

③ 我还没 交 给 老师作业。 ➡ 나 아직 선생님께 숙제 드리지 못했는데.

5 다음 해석에 맞게 주어진 단어들을 순서에 맞춰 써 보세요.

什么 时候 还 我 给
언제 돌려 줄 건데?
➡ 什么时候还给我?

帮 告诉 我 他 你
내가 너 대신 그 애한테 알려 줄게.
➡ 我帮你告诉他。

完 了 这本书 看 我
나 이 책 다 봤어.
➡ 我看完了这本书。

54
맛있는 주니어 중국어 3